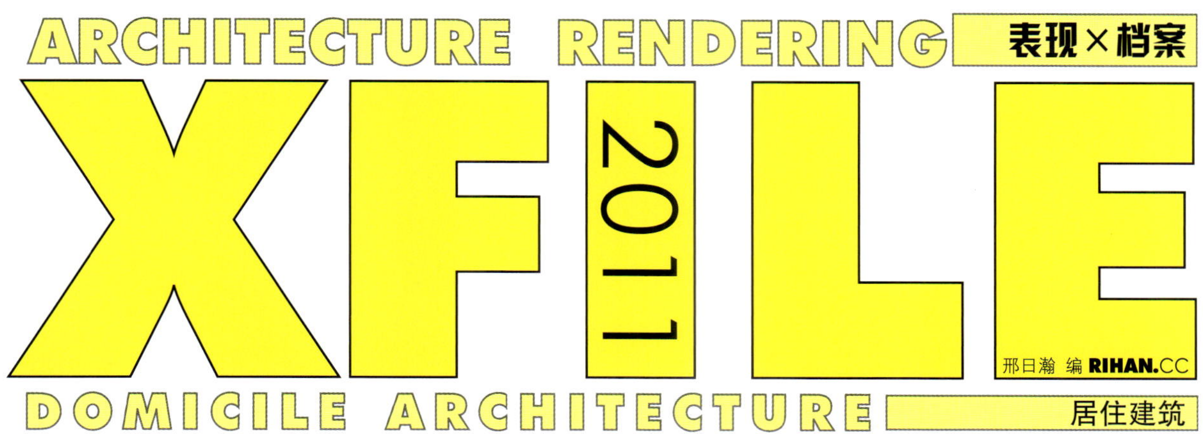

華中科技大學出版社
http://www.hustpas.com

图书在版编目（CIP）数据

表现X档案. 2011. 居住建筑 / 邢日瀚编. —武汉：华中科技大学出版社，2011.6

ISBN 978-7-5609-6969-5

Ⅰ. ①表… Ⅱ. ①邢… Ⅲ. ①建筑设计－作品集－中国－现代 Ⅳ. ①TU206

中国版本图书馆CIP数据核字(2011)第035558号

表现X档案. 2011. 居住建筑 邢日瀚 编

出版发行：华中科技大学出版社（中国 · 武汉）
地　　址：武汉市武昌珞喻路1037号（邮编：430074）
出 版 人：阮海洪

责任编辑：成海沛　　责任监印：张贵君

印　　刷：深圳当纳利印刷有限公司
开　　本：927mm × 1422mm　1/16
印　　张：16.25
字　　数：130千字
版　　次：2011年6月第1版 第1次印刷
定　　价：238.00元

投稿热线：(010)64155588-8000 hzjztg@163.com
本书若有印装质量问题，请向出版社营销中心调换
全国免费服务热线：400-6679-118 竭诚为您服务

ARCHITECTURE RENDERING X FILE

OFFICE / CULTURE ARCHITECTURE 办公/文化建筑
BUSINESS ARCHITECTURE 商业建筑

DOMICILE ARCHITECTURE 居住建筑

PLANNING AND LANDSCAPE 规划与景观

DOMICILE ARCHITECTURE
居住建筑

别墅 005
VILLA

汤泉公馆

设计单位：福建三盛房地产开发有限公司
绘图单位：深圳朗形数码影像传播有限公司

①

③

① 汤泉公馆
设计单位：福建三盛房地产开发有限公司
绘图单位：深圳朗形数码影像传播有限公司

② 安哥拉别墅
绘图单位：上海晶舟事业体

③ 太湖帕堤欧三期
设计单位：上海博创建筑设计有限公司
绘图单位：上海晶舟事业体

某别墅
绘图单位：北京汉中益数字科技有限公司

①

① 湖南米兰别墅
绘图单位：深圳市千寻视觉艺术设计有限公司

② 盐岛湖别墅
设计单位：大连建筑设计研究所有限公司/邹冬
绘图单位：大连景熙建筑绘画设计有限公司

③ 金坛某别墅区
设计单位：无锡市建筑设计研究院有限公司/郝靖欣
绘图单位：无锡飞腾图文工作室

②

②

③

③

三亚别墅

设计单位：美国万脉建筑设计机构
绘图单位：深圳市水木数码影像科技有限公司

山东某项目

设计单位：维拓(上海)建筑设计有限公司/顾工
绘图单位：上海冰杉信息科技有限公司

慈龙山别墅

设计单位：中国联合工程公司宁波分院／黄川
绘图单位：宁波江东屹欧博图文设计有限公司

②

① 慈龙山别墅

设计单位：中国联合工程公司宁波分院/黄川
绘图单位：宁波江东屹欧博图文设计有限公司

② 泰昌景瑞

设计单位：浙江绿城东方建筑设计有限公司
绘图单位：静安南西炫业电脑图文制作服务社

③ 某住宅

设计单位：中国美院/方工
绘图单位：杭州正清建筑景观设计有限公司

④ 肇庆星湖

设计单位：集成建筑设计顾问（深圳）有限公司
绘图单位：深圳朗形数码影像传播有限公司

③

④

原阳别墅

设计单位：河南省城乡建筑设计院
绘图单位：郑州玖月图文设计有限公司

①

②

① 东莞和富

设计单位：深圳市浚宇轩建筑设计咨询有限公司
绘图单位：深圳朗形数码影像传播有限公司

② 某别墅项目

设计单位：中信建筑设计（深圳）研究院有限公司
绘图单位：深圳朗形数码影像传播有限公司

③13#、15#别墅设计

设计单位：大连都市发展设计有限公司
绘图单位：大连景熙建筑绘画设计有限公司

①

①

②

① 东苑二期
设计单位：北京中科院建筑设计研究院(郑州分院)/马睁
绘图单位：郑州指南针视觉艺术设计有限公司

② 中房蓝郡
绘图单位：东方石影像文化有限公司

③ 广州某别墅区
设计单位：艾迪尔设计事务所/徐成 刘文雯
绘图单位：南昌艾迪尔数字设计表现事务所

③

③

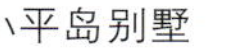

小平岛别墅

设计单位：大连圣岛房地产开发

绘图单位：大连景熙建筑绘画设计有限公司

小平岛别墅

设计单位：大连圣岛房地产开发
绘图单位：大连景熙建筑绘画设计有限公司

① 某别墅

设计单位：华坤设计三所/王宗宝 温翔
绘图单位：杭州地衣建筑设计表现

② 新江村

设计单位：北京克劳德建筑设计咨询有限公司
绘图单位：北京远建亦景影像科技有限公司

③ 四川邛崃滨水国际

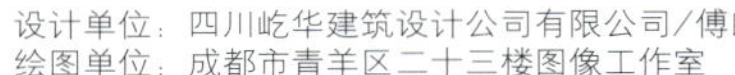

设计单位：四川屹华建筑设计公司有限公司/傅朗
绘图单位：成都市青羊区二十三楼图像工作室

①

①

②

③

① ④

青啤临沂项目

设计单位：加十国际设计机构/①杜鹏②杨积鹏③马静④谈慧君
绘图单位：上海禾木文化传播有限公司

① ② ③

① ④

世茂沈阳项目

设计单位：尺筑设计/张辉
绘图单位：上海赫智建筑设计有限公司

世茂沈阳项目

设计单位：尺筑设计/张辉
绘图单位：上海赫智建筑设计有限公司

①

①

①

①

① 某大学城
绘图单位：上海翰境数码科技有限公司

② 盘锦亿居
绘图单位：沈阳水晶立方设计有限公司

南屿别墅

设计单位：嘉景国际/商砚穿
绘图单位：上海赫智建筑设计有限公司

① 某别墅小区
设计单位：嘉景国际／商砚穿
绘图单位：上海赫智建筑设计有限公司

② 莱茵小镇
设计单位：中天兴业
绘图单位：天砚建筑设计咨询有限公司

③ 某别墅
绘图单位：沈阳水晶立方设计有限公司

②

③

③

① 御龙湾项目
设计单位：上海颐和朗建筑设计咨询有限公司
绘图单位：丝路数码技术有限公司

② 宁海森海豪庭
设计单位：宁波天一建筑设计／翁凌辉 胡晓光
绘图单位：宁波青禾建筑效果图表现设计公司

③ 无锡嘉仁花园
设计单位：NITA
绘图单位：上海渡域枫尚建筑表现有限公司

②

②

②

无锡嘉仁花园

③

①

①

①

① 青岛中环别墅
设计单位：联创国际
绘图单位：上海三藏环境艺术设计有限公司

② 南京某住宅设计
设计单位：上海高辰建筑设计有限公司
绘图单位：上海桥智建筑设计有限公司

②

②

②

②

① ②

青啤临沂项目

设计单位：加十国际设计机构／①杜鹏②仲文③杨积鹏④谈慧君
绘图单位：上海禾木文化传播有限公司

① ④

① ③

长三角总部经济园

设计单位：澳大利亚拓邦国际设计机构/秦磊 刘浩
绘图单位：上海禾木文化传播有限公司

青岛中环别墅

设计单位：联创国际
绘图单位：上海三藏环境艺术设计有限公司

宋都桐庐大奇山郡项目

设计单位：浙江华坤建筑设计院有限公司/龚永平 蒋时飞
绘图单位：杭州无影建筑设计咨询有限公司

①

① 创都2期
设计单位：浙江宏正建筑设计有限公司
绘图单位：杭州景尚科技有限公司

② 乃山别墅
设计单位：南京金海设计工程有限公司
绘图单位：丝路数码技术有限公司

②

②

天津融创
绘图单位：上海翰境数码科技有限公司

①

①

①

①

②

① 天津融创

绘图单位：上海翰境数码科技有限公司

② 海蓝别墅

设计单位：北京市建筑设计研究院成都分院

绘图单位：成都丰尚图像设计有限公司

②

美林湖住宅
设计单位：艾高建筑设计
绘图单位：上海三藏环境艺术设计有限公司

① 山西项目
设计单位：深圳市清华苑建筑设计有限公司
绘图单位：深圳市图腾广告有限公司

② 宏图别墅
设计单位：鸿图建筑设计/王庆天
绘图单位：上海赫智建筑设计有限公司

③ 某住宅

设计单位：中国美院/藤工
绘图单位：杭州正清建筑景观设计有限公司

④ 千岛湖别墅

设计单位：浙江省城乡规划设计研究院
绘图单位：杭州潘多拉数字科技有限公司

④

北京密云别墅

设计单位：大地建筑事务所（国际）
绘图单位：上海筑元创意设计有限公司

镇江项目
绘图单位：上海翰境数码科技有限公司

镇江项目

绘图单位：上海翰境数码科技有限公司

S OG 6219

盛高
设计单位：上海日清/周工
绘图单位：上海三色石建筑设计咨询有限公司

①

②

②

②

③

① 镇江白龙山住宅项目

设计单位：日清建筑设计有限公司/任治国
绘图单位：静安南西炫业电脑图文制作服务社

② 扬州项目

设计单位：日清建筑设计有限公司/任治国
绘图单位：静安南西炫业电脑图文制作服务社

③ 某别墅

绘图单位：上海翰境数码科技有限公司

④ 某项目

绘图单位：上海翰境数码科技有限公司

④

①

②

②

①

①

① 苏州万科长风项目

设计单位：天华建筑设计有限公司

绘图单位：静安南西炫业电脑图文制作服务社

② 南汇项目

绘图单位：上海翰境数码科技有限公司

②

①

①

①

① 北京某项目

绘图单位：上海翰境数码科技有限公司

② 某项目一

绘图单位：上海翰境数码科技有限公司

③ 某项目二

绘图单位：上海翰境数码科技有限公司

①

① 大华梧桐城邦

设计单位：日清建筑设计有限公司/任治国
绘图单位：静安南西炫业电脑图文制作服务社

② 兴化

设计单位：深圳市晶宫设计装饰工程有限公司/汤李俊
绘图单位：深圳市筑邦数码影像科技有限公司

②

无锡某高端居住项目

设计师：雷亭 许阳峰

绘图单位：上海桥智建筑设计有限公司

无锡某高端居住项目

设计师：雷亭 许阳峰

绘图单位：上海桥智建筑设计有限公司

①

①

①

②

③

③

① 黄山锦里

设计单位：安徽博园堂地产营销策划有限公司/孔磊
绘图单位：合肥飞扬图像

② 马尔代夫水上别墅区

绘图单位：广州先睿数码科技有限公司（SPIRIT3D）

③ 某别墅

设计师：陈耀
绘图单位：深圳市原创力数码影像设计有限公司

① 青城山916别墅

设计单位：北京市建筑设计研究院成都分院
绘图单位：成都丰尚图像设计有限公司

② 昆明别墅

绘图单位：广州市一创电脑图像设计有限公司

黑鱼湖林中别墅

设计单位：大庆市规划设计研究院
绘图单位：哈尔滨三力效果图公司

南澳别墅

设计单位：捷派联合
绘图单位：深圳鹏骋力方图像设计有限公司

① 富田地块

设计单位：都市营造
绘图单位：宁波芒果树图像设计有限公司

② 马来西亚某别墅区

绘图单位：广州先睿数码科技有限公司（SPIRIT3D）

②

②

宝亭山地别墅
设计单位：北美设计
绘图单位：上海三藏环境艺术设计有限公司

① 荷兰某私人住宅
绘图单位：广州先睿数码科技有限公司（SPIRIT3D）

② 田园
设计单位：北京市龙安华成建筑设计有限公司成都分公司
绘图单位：成都丰尚图像设计有限公司

③ 香港葡萄园别墅区二期
绘图单位：广州先睿数码科技有限公司（SPIRIT3D）

某住宅
绘图：杨天栩

①

②

②

① 沭阳住宅
设计师：张强
绘图单位：上海赫智建筑设计有限公司

② 万科某项目
绘图单位：上海翰境数码科技有限公司

①

②

① 万科某项目

绘图单位：上海翰境数码科技有限公司

② 武汉别墅

设计单位：鸿图建筑设计
绘图单位：上海赫智建筑设计有限公司

①

① 万科某项目

绘图单位：上海翰境数码科技有限公司

② 南京朗诗

设计单位：日清建筑设计有限公司/龚关

绘图单位：静安南西炫业电脑图文制作服务社

某住宅
设计单位：鼎域设计机构/方工
绘图单位：杭州正清建筑景观设计有限公司

① 东苑二期
设计单位：北京中科院建筑设计研究院（郑州分院）／马睁
绘图单位：郑州指南针视觉艺术设计有限公司

② 茶博园
设计单位：安徽地平线建筑设计事务所有限公司
绘图单位：东方石影像文化有限公司

③ 九华山规划
设计单位：合肥工业大学建筑设计研究院
绘图单位：东方石影像文化有限公司

②

③

① 太平湖别墅
设计单位：深圳市东大建筑设计有限公司
绘图单位：深圳朗形数码影像传播有限公司

② 大云温泉
设计单位：现代院/王江峰
绘图单位：上海赫智建筑设计有限公司

②

五指山别墅
设计单位：北京维拓时代建筑设计有限公司
绘图单位：北京力天建筑设计咨询有限责任公司

多层社区 117

COMMUNITY WITH MULTI-STORY BUILDINGS

练习项目

设计单位：上海简筑国际建筑设计有限公司
绘图单位：上海渡域枫尚建筑表现有限公司

无锡奥澜百大半岛
绘图单位：上海翰境数码科技有限公司

① 大连某别墅

设计单位：北京维拓时代建筑设计有限公司
绘图单位：北京力天建筑设计咨询有限责任公司

② 大溪地房产开发

设计单位：博景瑞联
绘图单位：成都丰尚图像设计有限公司

②

①

①

①

①

① 爱琴海蓝

设计单位：北京市建筑设计研究院成都分院
绘图单位：成都丰尚图像设计有限公司

② 大洋彼岸住宅

设计单位：ECS/王挺
绘图单位：上海赫智建筑设计有限公司

②

①

① 宁波项目
绘图单位：上海翰境数码科技有限公司

② 某项目一
绘图单位：上海翰境数码科技有限公司

③ 某项目二
绘图单位：上海翰境数码科技有限公司

②

①

③

长沙小区

设计单位：华艺建筑设计

绘图单位：深圳市水木数码影像科技有限公司

江阴项目

绘图单位：上海翰境数码科技有限公司

双湖湾项目

绘图单位：深圳市千寻视觉艺术设计有限公司

① 蚌埠滨水地块规划
绘图单位：东方石影像文化有限公司

② 万科某项目
绘图单位：上海翰境数码科技有限公司

高层社区 135
COMMUNITY WITH HIGH-RISE BUILDINGS

哈尔滨项目

设计单位：深圳栖境建筑设计/朱丹
绘图单位：深圳市原创力数码影像设计有限公司

长岛项目

绘图单位：上海翰境数码科技有限公司

①

①

②

① 长岛项目
绘图单位：上海翰境数码科技有限公司

② 金域蓝湾
设计单位：天华建筑设计有限公司
绘图单位：上海筑元创意设计有限公司

某住宅

设计师：杨小宇

绘图单位：杭州正清建筑景观设计有限公司

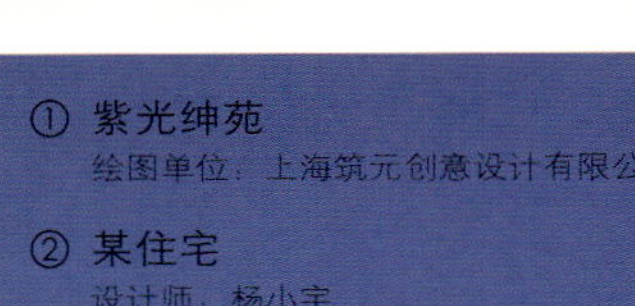

① 紫光绅苑
绘图单位：上海筑元创意设计有限公司

② 某住宅
设计师：杨小宇
绘图单位：杭州正清建筑景观设计有限公司

③ 邯郸汉霸豪庭项目
设计单位：加十国际设计机构/耿鹤 张守也
绘图单位：上海禾木文化传播有限公司

①

②

③

②

③

① 漯河黄山路项目
设计单位：深圳华派设计/杨浩泳
绘图单位：深圳市原创力数码影像设计有限公司

② 六安大众
设计单位：上海群马建筑设计咨询有限公司/马晓强
绘图单位：上海翼觉建筑设计咨询有限公司

③ 贵阳住宅
设计单位：上海现代华盖建筑设计有限公司一所
绘图单位：上海曼延数字科技有限公司

① 荆州东都怡景家园
设计单位：浙江大学城乡规划设计研究院有限公司/李小兵
绘图单位：杭州无影建筑设计咨询有限公司

② 某项目
绘图单位：上海翰境数码科技有限公司

①

②

①

②

① 海南项目

设计单位：龙光地产股份有限公司
绘图单位：深圳朗形数码影像传播有限公司

② 诸暨紫金嘉园

设计单位：浙江大学城乡规划设计研究院有限公司/李小兵
绘图单位：杭州无影建筑设计咨询有限公司

③ 某项目

绘图单位：上海翰境数码科技有限公司

①

②

①

① 无锡·北塘·苏宁环球集团商业中心设计方案
设计单位：美国太平洋贝氏规划设计中心中国工作部/陈杰 翟晓军
绘图单位：上海禾木文化传播有限公司

② 华润紫云府
设计单位：安徽地平线建筑设计事务所有限公司
绘图单位：东方石影像文化有限公司

①

②

① 某项目
绘图单位：上海翰境数码科技有限公司

② 绵阳平政桥项目
设计单位：上海申联建筑设计有限公司成都分公司
谢涛 谢东辰
绘图单位：成都市青羊区二十三楼图像工作室

③ 重庆项目
绘图单位：上海翰境数码科技有限公司

③

③

重庆壁山某小区
绘图单位：上海筑元创意设计有限公司

Starbucks Coffe
Ermenegildo Zegna

南昌世纪滨江项目

设计单位：大地建筑事务所（国际）
绘图单位：上海筑元创意设计有限公司

① 置信丽都花园
设计单位：天华建筑设计有限公司
绘图单位：上海筑元创意设计有限公司

② 某小区
绘图单位：东方石影像文化有限公司

①

①

②

兰江山第项目

设计单位：兰江地产

绘图单位：深圳朗形数码影像传播有限公司

南通海安住宅
设计单位：联熙建筑设计
绘图单位：上海三藏环境艺术设计有限公司

三亚项目
设计单位：深圳栖境建筑设计/朱丹
绘图单位：深圳市原创力数码影像设计有限公司

①

①

②

① 六安某商业

设计单位：上海群马建筑设计咨询有限公司/马晓强
绘图单位：上海翼觉建筑设计咨询有限公司

② 某住宅

设计单位：深圳市大唐世纪建筑设计事务所
绘图单位：深圳朗形数码影像传播有限公司

②

某住宅

设计单位：深圳市大唐世纪建筑设计事务所
绘图单位：深圳朗形数码影像传播有限公司

① 玉溪方案
绘图单位：丝路数码技术有限公司

② 玉溪住宅
设计单位：玉溪莲星房地产开发公司/管工
绘图单位：丝路数码技术有限公司

②

广州住宅

设计单位：深圳建筑总院第二分公司

绘图单位：深圳市水木数码影像科技有限公司

① 中海长沙项目
设计单位：华艺建筑设计
绘图单位：深圳市水木数码影像科技有限公司

② 威海住宅
设计师：丰硕
绘图单位：海晶舟事业体

③ 绿景梅林
设计单位：华艺建筑设计
绘图单位：深圳市水木数码影像科技有限公司

②

③

③

① 绿景梅林
设计单位：华艺建筑设计
绘图单位：深圳市水木数码影像科技有限公司

② 印度GURGAON S62 MASTERPLAN
绘图单位：广州先睿数码科技有限公司（SPIRIT3D）

③

③ 广州顺德中丝园

设计单位：OUR（HK）设计事务所

绘图单位：深圳市长空永恒数字科技有限公司

③

天津河东区某住宅项目

设计单位：天津开发区亚库建筑与城市规划咨询有限公司
绘图单位：天津水木境天数字图像设计事务所有限公司

天津振业未来城项目

设计单位：天津市亚库建源建筑规划设计有限公司
绘图单位：天津水木境天数字图像设计事务所有限公司

①

①

① 某住宅项目
绘图单位：深圳市原典艺术设计有限公司

② 电子科技大学宿舍楼
设计单位：成都基准方中建筑设计事务所／幸志鹏 张龙
绘图单位：成都柏拉图数码图像有限公司

① 电子科技大学宿舍楼

设计单位：成都基准方中建筑设计事务所/幸志鹏 张龙
绘图单位：成都柏拉图数码图像有限公司

② 海南某公寓

设计单位：深圳国际印象建筑设计有限公司/徐慧春
绘图单位：上海翼觉建筑设计咨询有限公司

①

①

②

②

余杭高层

绘图单位：上海翰境数码科技有限公司

① 太仓市科教新城鹊桥路西地块规划
设计单位：美国W&R国际设计集团
绘图单位：上海筑元创意设计有限公司

② 某项目
绘图单位：东方石影像文化有限公司

③ 万科城市花园
绘图单位：上海翰境数码科技有限公司

①

②

③

①

②

②

③

① 某项目
绘图单位：上海翰境数码科技有限公司

② 物流中心
设计单位：惠州建景设计/孙涛
绘图单位：深圳市原创力数码影像设计有限公司

③ 宁波某项目
绘图单位：上海翰境数码科技有限公司

营口华海城项目

设计师：黎鸿儒

绘图单位：沈阳凡艺图文设计有限公司

综合社区 195
COMPREHENSIVE COMMUNITY

南通景瑞住宅项目

设计单位：日清建筑设计有限公司/任治国
绘图单位：静安南西炫业电脑图文制作服务社

南通景瑞住宅项目

设计单位：日清建筑设计有限公司／任治国
绘图单位：静安南西炫业电脑图文制作服务社

湾西湖

绘图单位：大连景熙建筑绘画设计有限公司

安徽华地

绘图单位：上海翰境数码科技有限公司

①

① 常州宝龙
设计单位：联创国际
绘图单位：上海三藏环境艺术设计有限公司

② 晶澳住宅
设计单位：联创国际
绘图单位：上海三藏环境艺术设计有限公司

①

小平岛

设计单位　华东建筑设计研究院大连分院/刘巧[illegible]

绘图单位　大连景新建筑绘画设计有限公司

① 金地格林世界
设计单位：日清建筑设计有限公司/龚关
绘图单位：静安南西炫业电脑图文制作服务社

② 金丰项目
设计单位：新锐建筑设计
绘图单位：上海三藏环境艺术设计有限公司

②

②

南通城北项目

设计单位：OUR（HK）设计事务所
绘图单位：深圳市长空永恒数字科技有限公司

①

②

① 南通城北项目

设计单位：OUR（HK）设计事务所

绘图单位：深圳市长空永恒数字科技有限公司

② 领袖西城

设计单位：长江置业/王毅霞

绘图单位：宁波青禾建筑效果图表现设计公司

②

① 保利江语海
设计单位：ua国际/李正
绘图单位：上海禾木文化传播有限公司

② 龙腾御景小区
设计单位：优筑设计机构/尹工
绘图单位：重庆城境图文设计有限公司

②

住宅规划
设计单位：天华/赵工
绘图单位：上海赫智建筑设计有限公司

OCEAN

①

②

① 郑州未来大道项目
设计单位：加十国际设计机构/耿鹤 张守也
绘图单位：上海禾木文化传播有限公司

② 金州某地块规划方案
设计单位：华东建筑设计研究院大连分院/徐立伟
绘图单位：大连景熙建筑绘画设计有限公司

杭州某住宅区

设计单位：深圳市国际印象建筑设计有限公司/喻雄 黄波
绘图单位：深圳市筑邦数码影像科技有限公司

① 南昌项目
设计单位：深圳市浚宇轩建筑设计咨询有限公司
绘图单位：深圳朗形数码影像传播有限公司

② 某小区规划
设计单位：潍坊市建筑设计院
绘图单位：青岛金东数字科技有限公司

③ 太白山庄
绘图单位：东方石影像文化有限公司

②

②

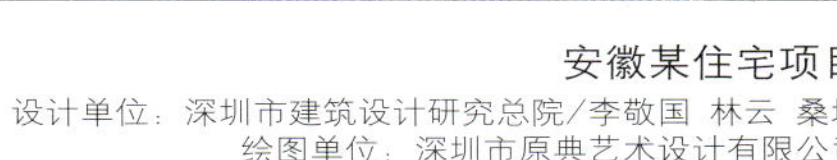

安徽某住宅项目

设计单位：深圳市建筑设计研究总院/李敬国 林云 桑坤
绘图单位：深圳市原典艺术设计有限公司

世茂

设计单位：浙江宏正建筑设计有限公司
绘图单位：杭州景尚科技有限公司

常州四季花园

设计单位：浙江华坤建筑设计

绘图单位：杭州诚功图像

① 常州四季花园
设计单位：浙江华坤建筑设计
绘图单位：杭州诚功图像

② 海城某小区
设计单位：大连都市发展设计有限公司/冯雪松
绘图单位：大连景熙建筑绘画设计有限公司

①

华辉滨江花城

设计单位：陆丰市华辉滨江花城房地产开发有限公司
绘图单位：深圳朗形数码影像传播有限公司

①

②

① 威海住宅
设计单位：杭州协和建筑设计/陈小军
绘图单位：杭州地衣建筑设计表现

② 亮甲店青云河西侧旧区改造项目
设计单位：大连建筑设计研究所有限公司/邹冬
绘图单位：大连景熙建筑绘画设计有限公司

云南住宅小区

设计单位：美国万脉建筑设计机构
绘图单位：深圳市水木数码影像科技有限公司

某住宅
绘图单位：郑州玖月图文设计有限公司

①

①

①

②

① 海南水岸名都
设计单位：深圳市清华苑建筑设计有限公司
绘图单位：深圳市图腾广告有限公司

② 正力龙湖
设计单位：建道设计
绘图单位：上海渡域枫尚建筑表现有限公司

③ 某住宅
设计单位：辽宁天维纺织建筑设计研究院
绘图单位：沈阳凡艺图文设计有限公司

马鞍山某小区

绘图单位：东方石影像文化有限公司

海门西海岸项目

设计单位：美国W&R国际设计集团
绘图单位：上海筑元创意设计有限公司

海门西海岸项目

设计单位：美国W&R国际设计集团
绘图单位：上海筑元创意设计有限公司

① 海南住宅
设计单位：边缘设计／高工
绘图单位：上海渡域枫尚建筑表现有限公司

② 7979淮南规划
设计单位：华艺设计
绘图单位：深圳鹏骋力方图像设计有限公司

①

②

①

②

②

7979淮南规划
设计单位：华艺设计
绘图单位：深圳鹏骋力方图像设计有限公司

某住宅小区

设计单位：深圳市联君建筑设计有限公司/胡联君 谢志诚 黄欣欣
绘图单位：深圳市原典艺术设计有限公司

青岛领海
设计单位：捷派联合
绘图单位：深圳鹏骋力方图像设计有限公司

万达广场
万达影城
KENNETH COLE
KENNETH COLE
Notting Hill
Rodeo Dr

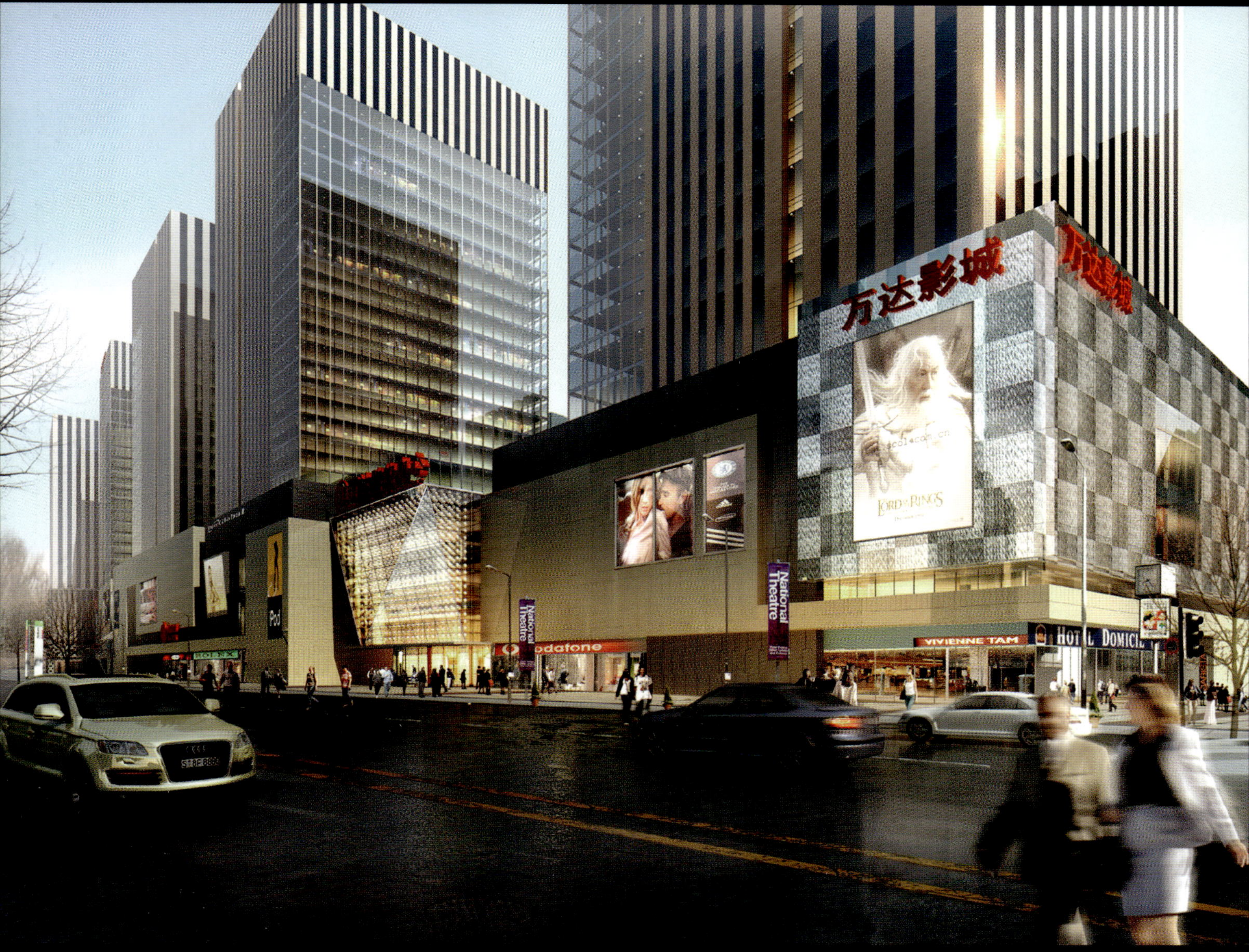
万达影城
万达影城
LORD OF THE RINGS
National Theatre
National Theatre
vodafone
VIVIENNE TAM
ROLEX

上海．赫智
HERTZ
HERTZ ARCHITECTURAL DESIGN CO. LTD
EVERMOTION
上海赫智建筑设计有限公司
TEL：021-62471109
FAX：021-62471117
E-MAIL：hz_group@126.com
ADD：上海市 静安区 延安中路 829 号 达安广场东楼 8A